जिंदगी भी
मुहब्बत भी

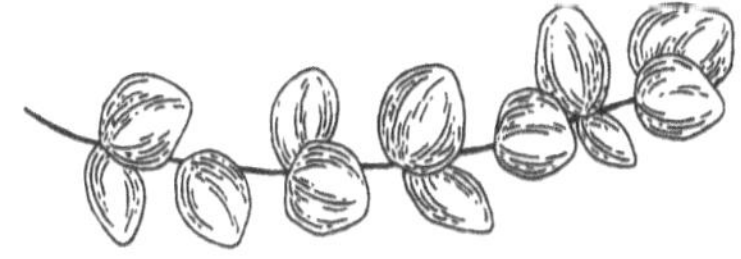

अहेली

अब यहाँ से जाना कहाँ है,
अब जो आगए हो,
तो एक पल ठहर जाओ,
कुछ लम्हें अपना बनाओ,
यकीनन, तुम मेरे हो गए हो,
एक बार मुझे भी अपना बनाओ,
सिद्दत,
जुनून,
इश्क,
सुकून,
जिंदगी में शामिल है,
इज़हार कर तुम्हें कैद नहीं किया,
तुम परिंदा आज़ाद हो,
हम-सफ़र ना ही सही,
राहगुज़र मुझे भी बनाओ!

<u>दो शब्द</u>

मेरी कुछ बेहतरीन कविताओं का यह संग्रह - 'जिंदगी भी, मुहब्बत भी' - मेरे माता - पिता, मेरे प्रिय साथी और मित्रों को समर्पित है, जिनकी प्रोत्साहन और सहायता से मेरे शब्दों में लिखी मेरी यह पहली पुस्तक बनी।

मैं, अहेली, एक सहज कवयित्री, साधारण शब्दों में अपने भाव लिखती हूँ। जिंदगी के रंगों से मिलना और उन्हें सरलता से कविताओं में लिखना मुझे बेहद खुशी देती है। एहसास के उन तस्वीरों को शब्दों से छुने का दूजा एहसास बेहद खास है। यह किताब मेरी उन्नती है, मैं बेहद खुश हूँ।

अहेली

Contents :

पहचान

तू मुसाफिर है और
ये ज़िंदगी है हमसफर।
तुम्हारी सोच और तुम्हारी परछाई,
सौदा यहीं से होता है,
नहीं है दूजा रिहाई।

ऊँचें अरमान और डगमग सी चाल,
खुद पर भरोसा भी है एक साजिश।
उम्मीद रख, दिल साफ़ रख
टूट मत, यूँ ही नहीं मिलती है ख्वाहिश।

तेरा कर्म, तेरा अभिमान
यही होनी है तेरी पहचान।
क्या फर्क पड़ता है आज हालात कैसा है,
मंजिल पाकर ही करना तुम विश्राम।

डगर लंबी है तो क्या हुआ,
खुद ही लगती है अपनी प्यास।
अगर रुक गए आज तुम
न तलब मिटेगी, न मिलेगा तालाब।

तू मुसाफिर है और
ये जिंदगी है हमसफर।

सब बदलता है

मुझे आसमान दिखता है,
जब मैं उड़ना चाहती हूँ,
मुझे जमीन मिलती है,
जब मैं चलना चाहती हूँ।
तैरने को नदी है यहाँ,
और ऊँचाइयों के लिए पहाड़,
सब हासिल है यहाँ,
चाहे जितना बदले अरमान।

नींद के लिए रात है,
सुकून के लिए चाँद है,
सपनों के लिए टिमटिमाते तारे
और उम्मीद के लिए सुबह - सूरज के सहारे।
बहना है तो हवा बन जाऊँ,
फूलों की खुशबु में मिल जाऊँ,
फिर आसमान के बदलते रंगों को,
एक संग सागर में मिलाऊँ।

मैं आज हूँ, मैं कल हूँ,
मैं समय की कहानियों में हूँ,
सब बदलता है - यहीं रीत है,
मैं यहीं हूँ, मैं इनमें ही रहती हूँ।

जरूरी है

खुशियों के रंगों का बदलना जरूरी है,
कुछ रंग अंधियारे का होना जरूरी है,
मचलना ये मन बेचैन हो जाता है एक रंग से,
इस मन को हर रंग से मिलना जरूरी है।

इस तपते धूप को कम होना जरूरी है,
हर रोज ढलते शाम से मिलना जरूरी है,
दर्द ये और बढ़ जाता है ग़र अपने साथ ना हों,
रात - तन्हाई की आगोश में उसकी याद आना
जरूरी है।

ख़ामोशियों को समझना जरूरी है,
कुछ पल बिन मंजिल के जीना भी जरूरी है,
हमें मालूम है ये हालत वक़्त का गुलाम है,
बेवजह इन हवाओं के संग गुनगुनाना भी जरूरी है।

चकाचक रोशनी में उलझना लाजमी है,
धुन्ध में खुद से भी डर जाना लाजमी है,
ये जिंदगी एक तोहफा है, ओ मुसाफिर!
आजमाते इस तोहफे को खुद से मिलना जरूरी है।

कुछ जख्म को खुद से सहलाना जरूरी है,
कुछ अश्क खुद के लिए बहाना जरूरी है,
गम में अपने दिल से नजदीकियां बढ़ जाती है,
इसलिए दर्द में मुस्कुराना भी जरूरी है।

अधूरा

ये पल अक्सर ही अधूरे होते हैं।
सब पूरा होकर भी कुछ छुट जातें हैं।
ये अनदेखी साजिश थमती नहीं है,
ये मुश्किलें कम होती नहीं हैं।

कुछ लम्हा नई चाहत बुनती हूँ,
कुछ लम्हा टूटे ख्वाबों को पिरोती हूँ,
कुछ लम्हा याद करती हूँ उसे जो छुट गया राह में पिछे,
कुछ लम्हा तकदीर से अपने बारे में पूछती हूँ।

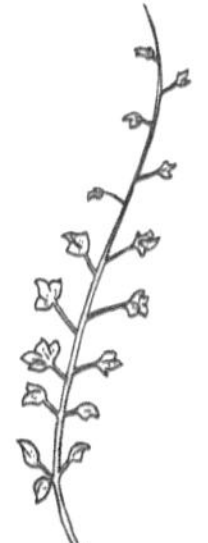

किसी दिन मैं थक जाती हूँ,
फिर रात को कोशती हूँ,
दूसरी सुबह नई होश में उठती हूँ,
फिर उसी ज़ंग पर निकल पड़ती हूँ।

अक्सर ही लगता है,
कोई कमी मुझमें ही है।
मैं आज के लिए तैयार होती हूँ,
और कल नई चुनौती मिलती है।

सोचती हूँ मैं कभी कभी,
क्यूँ सब हासिल होता नहीं है?
हर वक़्त कुछ पाने की तलब,
ऐ ज़िंदगी! तू इतना क्या ढूंढती है?

तुम... मेरा ख्वाब हो

मुझे याद है,
जब तूने कहा था,
"मैं तेरा ख्वाब हूँ"
तबसे ही मैं
तेरे इंतजार में जीने लगी,
तेरी सिद्धत देखी,
आस में जीने लगी.

तेरी सारी बातें सुनी,
जब भी तूने मेरी बातें कही,
मैंने तेरी आँखों में
वो सुनहरा प्यार देखा.

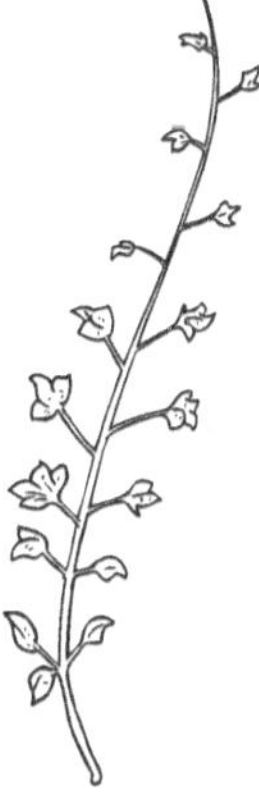

वो प्यार
मेरा गुरूर बन गया,
खुद को चाँद-तारा समझ बैठी,
तेरी चाहतों में,
उम्मीदों में,
मैं खुद को देखने लगी.

मैं डरने लगी,
कहीं तुम भूल ना जाओ
की 'तुम मेरा ख्वाब हो'
तुमने मुझे ऐसा कहा था.

तुम्हें देखती हूँ,
मेरी खातिर तड़पते हुए,
तेरी ज़ख्मों में भी खुद को
मैं ही देखने लगी.

ये गुरूर भी गज़ब है,
पास होकर भी पास होना है,
तेरा होकर भी तेरा होना है,
तुम मेरा ख्वाब हो,
तुम्हें ही मेरा होना है.

अच्छा लगता है

जब ये दिल तुम्हें ढूंढता है,
मुझे अच्छा लगता है,

तुम्हारा यहां आना,
अपनी बातें सुनाना,
साथ में हँसना - मुस्कुराना,
अच्छा लगता है,

राह चलते तुम्हारा यूँ मिल जाना,
बारिश में यूँ भीग जाना,
किसी गीत की तरह एहसास होना,
अच्छा लगता है,

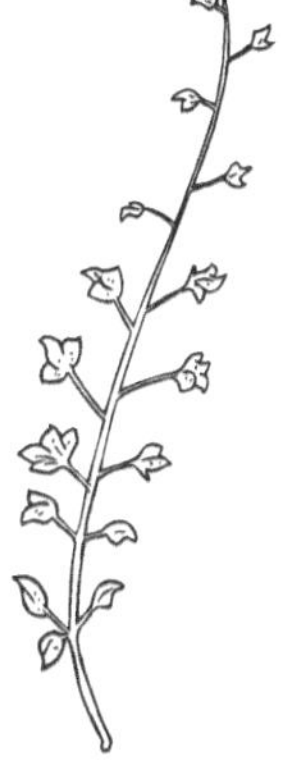

रात की ख्वाहिशों में,
अपना दिन गुजारना,
बादलों में छिपे चाँद को,
चुरा कर मन में बिठाना,
सुबह की पहली किरण से,
कलियों सा खिल उठना,
अच्छा लगता है,

कुछ मेरा, कुछ तुम्हारा,
बातों का कहना - सुनना,
कभी प्यार, कभी नखरा,
हमारा यूँ मिलना - मिलाना,
मुझे अच्छा लगता है,

अपने पलों को सजों कर रखना,
अच्छा लगता है,

जब तुम मुझे याद करो,
मुझे अच्छा लगता है,

जब तुम्हारी याद आए,
मुझे अच्छा लगता है।

मैं...

मैं,
मैं तो यहीं हूँ,
हर वक़्त के जैसे,
खुद में ही रहती हूँ,
तुम्हारा एक एहसास है मेरे अन्दर,
उस एहसास में लिपटी रहती हूँ।
मैं, अभी भी यहीं हूँ।

मैं साँझ हूँ,
वक़्त का सुकून हूँ,
अँधेरा और ठण्ड हवा में,
मैं, एक जुगनू सी चाहत हूँ।

नजरों के समुद्र में,
मैं, सुकून भरा चाँद हूँ,
कहीं ख्वाबों की बारिश हूँ,
कहीं, मैं, यादों की साजिश हूँ।

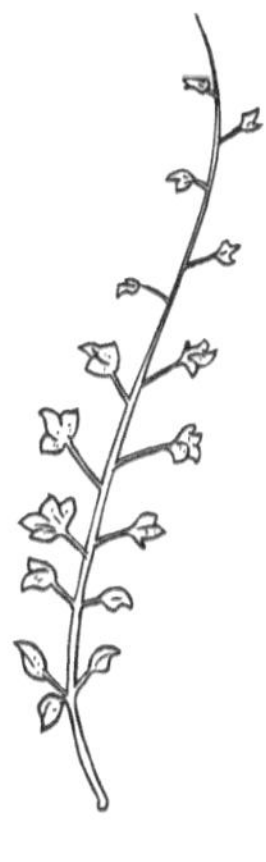

मैं जमीन हूँ,
कहीं हरियाली है,
कहीं रेत है,
नदियाँ जो रेंगती हैं,
मैं उनकी मंजिल हूँ।

मैं हवा हूँ,
आहिस्ता-आहिस्ता,
फूलों पर नर्म हूँ,
ऊचाईयों पर तेज जुनून,
और कभी एक अजनबी एहसास हूँ।

लोग कहते हैं-
मैं सुन्दर हूँ,
मुस्कराती हूँ, खिलखिलाती हूँ,
रंगों के छाँव में,
पल-पल का बदलाव हूँ।
मैं, वक़्त की पहचान हूँ।

तुम्हारा इंतजार

तुम रूठ गऐ फिरसे,
मेरे इंतजार में,
तुम्हें मनाना चाहता हूँ,
मैं मनाऊँ कैसे?

माना तुम दूर हो,
ये दूरी भी मजबूरी है,
नाराजगी में तेरी ये दूरी,
मुझे बहुत चुभती है,

बातें होतीं है रोज,
अपने खयाल और ख़यालात की,
आज यूँ रूठ जाने से,
ना तुम खयाल पूछी, ना जवाब दी,

तुम्हें मनाना चाहता हूँ,
नजरों से, प्यार से,
तुम्हारी अहमियत जताना चाहता हूँ,
अपने एहसास से,

तुम्हें गले लगा कर,
अपनी धड़कन सुनाकर,
जैसा मन में संजोया हूँ,
वैसा दिखाना चाहता हूँ,

जाने कब ये दूरी मिटेगी?
जाने कब तक रात रुकेगी?
मुलाकात के इंतजार में,
कब तक ये तड़प बनी रहेगी ??

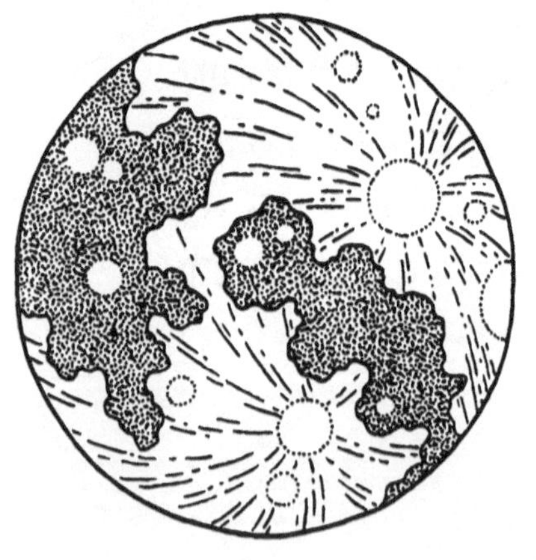

तन्हा चाँद

क्यूँ सूरज ने वो रंग दिखाया?
जो चाँद को कभी मिल न पाया।

ऐसा गम है घिर आया,
सितारों ने आज भी कोशिश किया
फिर भी ये अंधेरा मीट ना पाया।

अधूरी है चाँद की दुआ,
कभी चांदनी पूरी होती है
तो कभी खामोशी और अमावस्या।

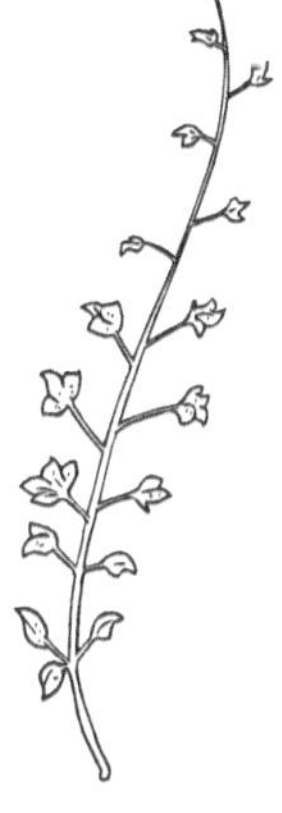

हर दिन हट जाता है
ये काला रंग रात का,
पर ये सूरज टिकता नहीं है,
हर शाम वापस चला जाता है।

फिर वहीं सितारों का जगमगाना
और चाँद का यूँ ही तन्हा होना।

क्यूँ सूरज ने वो रंग दिखाया?
जो चाँद को कभी मिल न पाया..

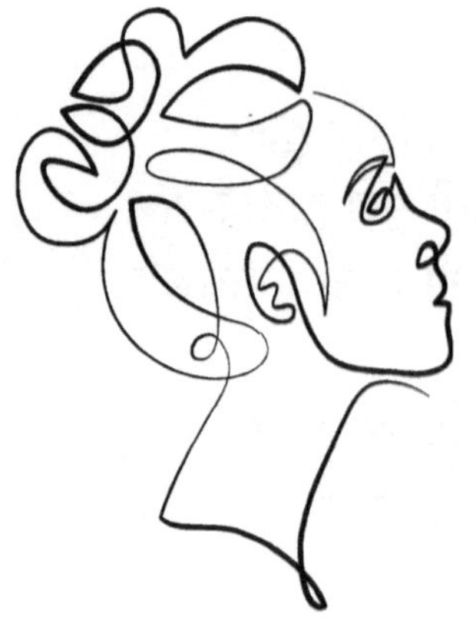

क्यूँ...?

खोया था ये जहां,
सोया था ये जहां,
तूने दस्तक दी दिल में,
तूने मुझे जगाया क्यूँ?

उदासियों को हटा,
इश्क दे दिया,
दो पल खुशियों का दे,
तन्हाई दे दिया,
तूने ऐसा किया क्यूँ?

तेरे संग वो पल,
बारिश की बूंदे पालकों पर,
सब तोड़ते हैं मुझे,
ऐसा बहार लाया क्यूँ?

इंतजार था तभी,
इंतजार है अभी भी,
मुझसे दूर जाकर भी,
मुझे सताया क्यूँ?

जब जाना ही था तुझे,
तो मन में आया क्यूँ?
उन सपनों को रास्तों में बिखेर,
दूर मुझसे गया क्यूँ?

ज़िन्दगी की राहें

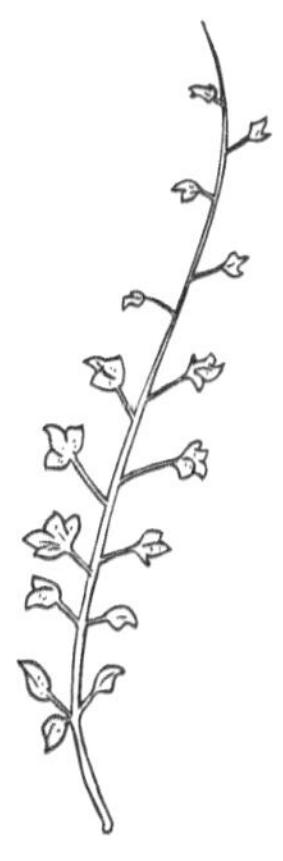

ज़िन्दगी तो इन तूफानों से होकर
ज़िन्दा चली आई है,
तो अब डर कर क्यों थमना?

भला उन यादों से क्यों डरना?
वो एक याद है,
तुम्हारा आज नहीं।

ज़िन्दगी मुस्कुराना जानती है,
मुश्किलों से लड़ना जानती है.
इसे रास्ता दिखाते रहना,
हिम्मत खुद में बसाए रखना.

इसे न बांधना तुम
किसी उम्मीद में जानबूझ कर,
अनजाने में अफ़सोस करोगे.
इसे हमेशा आज़ाद रखना,
खुशियों को महशूस करोगे.

ख़फा तो ये आसमान भी हो जाता है,
खुद की खुशियाँ खुद से जुड़े रखना.
मंज़िल का पता तुम्हें मिले न मिले,
ऐ मुसाफिर!
तुम ज़िन्दगी की राहों को सजाते रहना.

चलो! कहीं चलते हैं

तुम दूर हो, यादों में हो,
ख़यालों में हो, सपनों में हो,
मैं खुद से बात करती हूँ,
तुमसे हर बार कहती हूँ,

चलो... कहीं चलते हैं
जिंदगी जैसे अटक गई है कहीं,
चलो... इस धूप में एक छाव ढूंढते हैं,

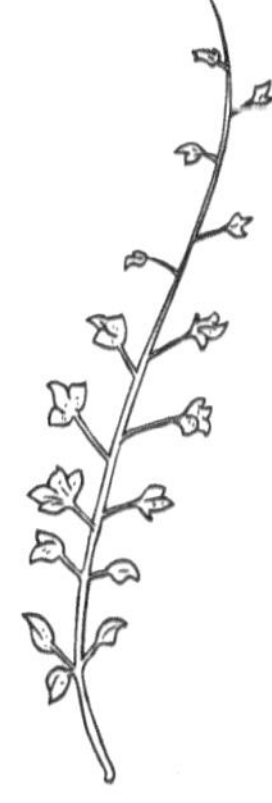

बहुत रफ़्तार में चल रहा है ये वक़्त,
चलो... कुछ वक़्त पैदल चलते हैं,

अनदेखी कर रहे हैं ज़ज्बात को,
कुछ लोग इसमे ही बहते जा रहे हैं,
परेशानियों की कहानियों से निकल कर,
चलो... फूलों सा मुस्कराते हैं,

एक पल की खातिर,
चलो... कुछ पल साथ निभाते हैं।

जिंदगी का भरोसा नहीं,
पल में खुशी, पल में गम,
चलो ... इस चाँद की रोशनी में,
कुछ आराम की बात करते हैं,

सुकून की खोज में भटक रहे हैं,
थक रहें हैं, दिन बित रहा है इंतजार में,
चलो अब... कल फिरसे बात करते हैं।

तुमसे मिलकर

चुपके से, आहिस्ते से,
रात जागते तारों के संग,
तेरी याद चली आती है,
इस ठण्ड हवाओं में,
नर्म एक एहसास दे जाती है,

राहों में जो बातें कह न सकी,
इस चाँद से कह जाती हूँ,
सन्देशा तुझे तेरी ख्वाबों में,
मैं दिलवाती हूँ,

जहान के फिक्र से परे,
एक पल खुद का सजाती हूँ,
बस दिल की बातें सुनकर,
नजरों से बातें करती हूँ,

ये रिश्ता हसीन हो जाता है,
ये रिश्ता मेरा बन जाता है,
मिलकर तुमसे ही,
देखो मैं ये क्षितिज सजाती हूँ।

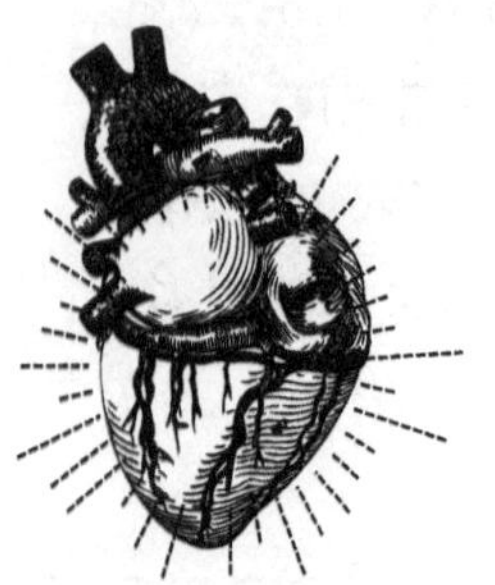

मिलन

खोने दो मुझे इस धुन में,
इस धुन में होने को हैं बारिशें,
मिलने को हैं कई ख्वाहिशें,
जाने कहाँ छिपी थी जिंदगी,
भीगने दो इस सावन,
खोने दो मुझे इसकी धुन में,

आहिस्ता-आहिस्ता,
सुनाऊँ तुझे एक दास्तान,
कहानी जो अभी बाकी है,
कहानी जो तेरी मेरी है,

रोको नहीं आज,
दो मेरा साथ,
ये एहसास अलग है,
जिंदगी भी, मुहब्बत भी,
मुझे मिलने दो इनसे,
मुझे खोने दो इसमें,

तुमसे मिलकर ही अजीज हुआ है,
फिर से मुझे मुक्कमल होने दो...
मुझे मेरा होजाने दो...

वजूद

मेरे ख्वाब को ज़मीन चाहिए,
इन फसानों को हकीकत चाहिए।
मुझसे ही मेरी पहचान बनती है,
मुझे बस मेरा वजूद चाहिए।

सच्चाई को उम्मीद चाहिए,
झूठ से फासले चाहिए,
वक़्त के संग संग चल सकूँ,
मुझे खुद पर इतना यकीन चाहिए।

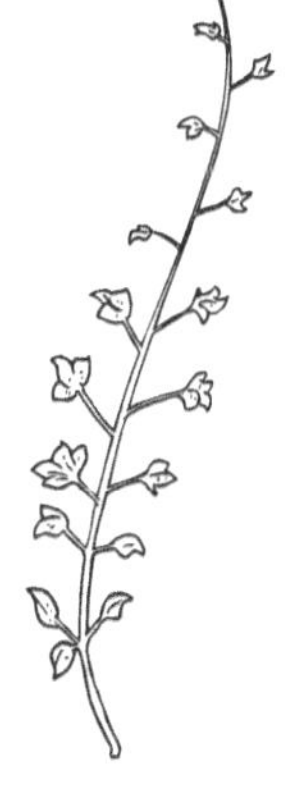

इस परछाई में सिर्फ ज़ज्बात हैं,
वक़्त वक़्त की बातें हैं,
कुछ शोर है, कुछ यादें हैं,
जिन्हें छू नहीं सकती, वो कुछ चेहरे हैं।

मुझे हवाओं का राग चाहिए,
बदलते वक़्त में एक पल छांव चाहिए,
हिसाब नहीं है तन्हाई और सुकून का,
मुझे बस अंत तक साथ चाहिए।

मेरे ख्वाब को ज़मीन चाहिए,
मुझे बस मेरा वजूद चाहिए।

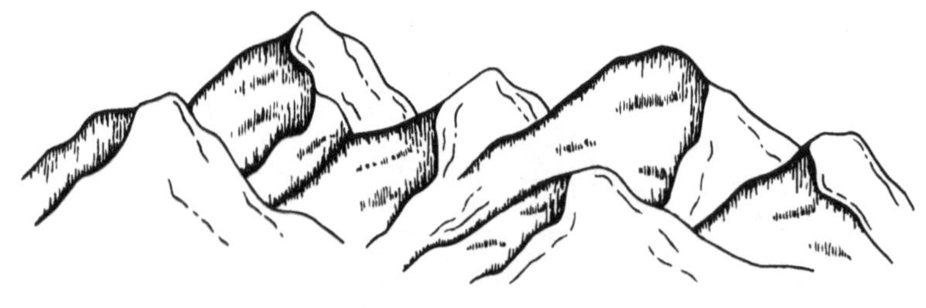

खामोशी से

सितारों से पूछा मैंने,
ये चाँदनी आज गुम है कहाँ?

जगमगाते तारों ने कहा,
चाँद है यहीं, पर खामोश है,

मैंने पूछा ये खामोशी कुछ कैसे कहती है?
अगर साजिश नहीं तो मुझे रास नहीं है।

फिर पूछा दास्तां राहों की,
जिनका अंत नहीं, कोई मंजिल नहीं है,

ख्वाबों ने कहा है मुझसे,
उन्हें सच्चाई की आश नहीं है,

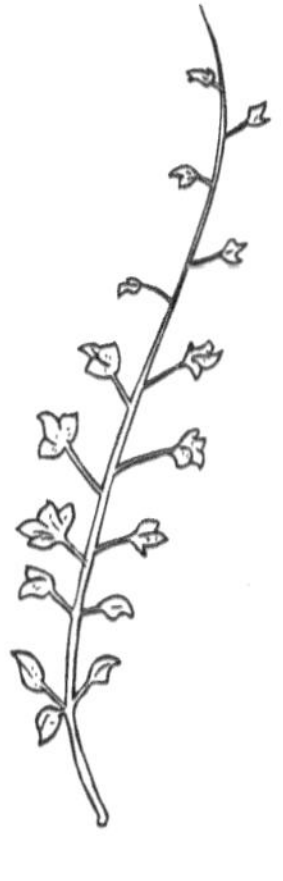

जो रूठ जाऊँ मैं खुद से भी,
मेरी धड़कनें मुझसे रूठती नहीं है,

खामोशी से कहती है, जो हुआ आज,
कल फिरसे होता नहीं है,

बहती है नदी, अरमानों से भरी,
आखिर सागर से मिल ही जाती है,

खामोश है जो जुबान,
वो अक्सर बेजुबान होता नहीं है।

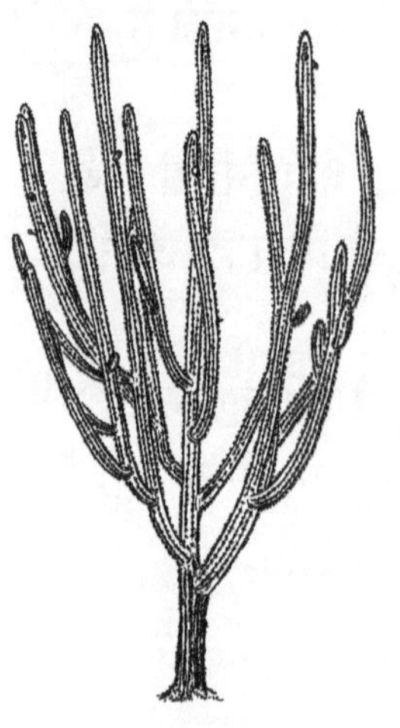

तुम्हारी याद

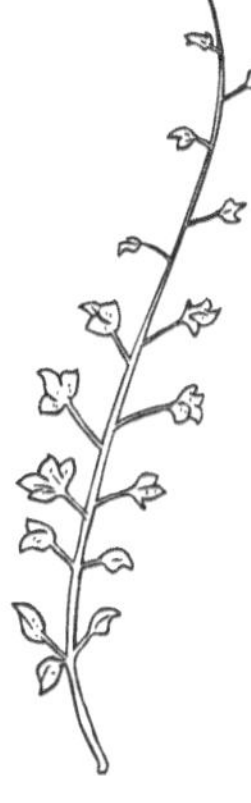

यहाँ, अभी
सिर्फ तन्हाई है
और
तुम्हारी याद है।
दर्द का एहसास है,
और
तुम्हारे प्यार का खुमार है।
तुम नहीं हो,
मुझे शिकायत है,
दूर हो, फिर भी तुम हो,
इसलिए मुझे राहत है।
यहाँ, अभी
खामोशी की धुन में
सिर्फ तुम्हारा ही दीदार है।
तुम मेरे हो,
बस यहीं सच नजर आ रहा है।

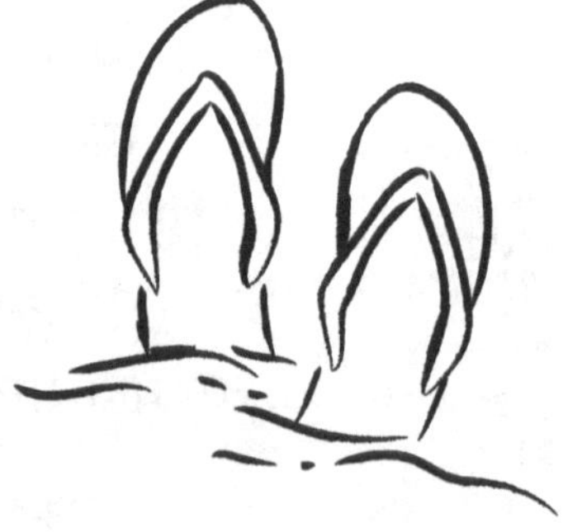

वक़्त की बातें

वक़्त बेवक्त की बात है,
कुछ तुमने कहा,
कुछ मैंने भी कहा,
ये भी वक़्त का ही हिसाब है,
मैंने कुछ समझा,
तुमने कुछ और समझा।

वक़्त ये चलता रहा
मैं वक़्त का गुलाम बना रहा,
वक़्त ने अपनी एक अलग मंजिल चुन ली,
और मैं दर-दर ठोकरें खाने लगा।

ये वक़्त है ही मस्त-मौला
खामोशी कि आड़ में जहाँ बदल डालता है,
मैं अपनी ज़ज्बात से जिंदा हूँ
या वक़्त का हिसाब है?
ये जवाब भी वक़्त कभी नहीं बताता।

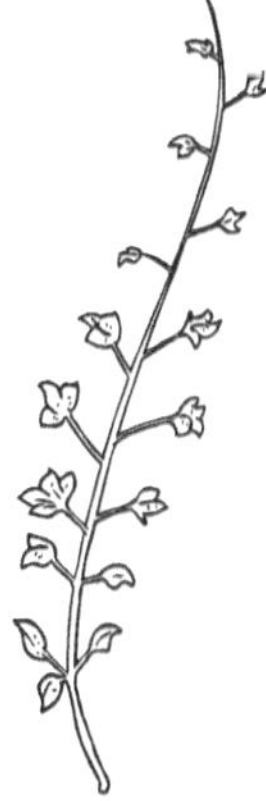

वक़्त से शिकायत भी क्या करूँ,
जिंदगी का मतलब यही तो बताता है,
मैं साथ निभाता रहा खुद की खातिर
और वक़्त मुझे हर-वक़्त आजमाता रहा है।

ये वक़्त का ही कमाल था
जो बिन बात वो बातें समझ आती थीं,
आज वक़्त का सितम है,
मेरी समझ की दुनिया ही बदल गई।

राज...!

मैं... राज़ हूँ,
मैं आज हूँ,
अनदेखी ये डगर,
मैं ही साज हूँ,
जैसा भी है सफर,
मैं ही साथ हूँ,
मैं राज़ हूँ,
इसलिए खाश हूँ।

मैं राज़ हूँ,
गुमनाम नहीं,
मैं सच के साथ हूँ,
मैं खामोश नहीं,

मैं हवा नहीं, मैं मुसाफिर नहीं,
हम-सफर हूँ कुछ पल का,
कोई चाहे ना चाहे,
कोई जाने ना जाने,
मैं फुरसत की शान हूँ,

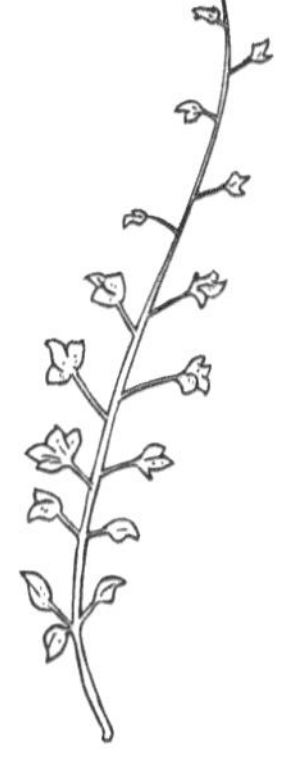

तुम आज जियो,
मैं कल का साथ हूँ,
तुम कल कि सोचो,
मैं आज का फरमान हूँ,
मैं राज़ हूँ,
अनदेखा एक साथ हूँ।

न वक़्त ने बनाया मुझे,
न किसी एहसास ने छुपाया मुझे,
मैं खुद का किस्सा हूँ,
जब जी चाहा, गोता लगाता हूँ,
मैं राज़ हूँ,
इसलिए खाश हूँ।

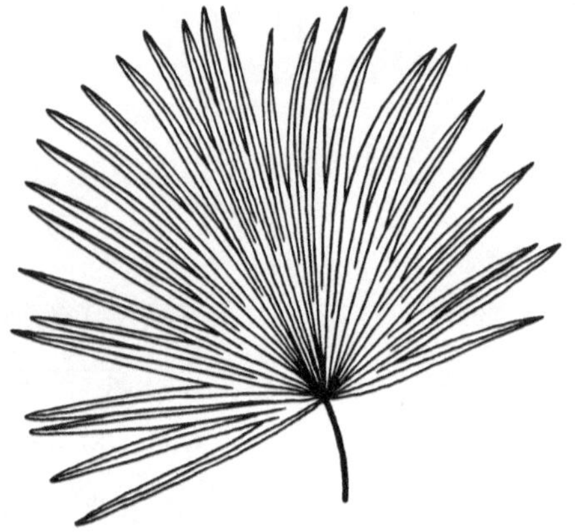

खुद को रोक लिया

अंधेरा... घना अंधेरा था,
और आगे रास्ता खत्म था,
आगे खाई में गिरता, इससे पहले
मैंने खुद को रोक लिया।

सूरज के इंतजार में,
मैंने खुद को खोने से पहले
मैंने खुद को रोक लिया।
इन ठण्ड हवाओं की जकड़ से बचकर,
मैंने खुद को समेट लिया।

इससे पहले कि मेरी सोच
मुझे अकेला साबित करती,
मैंने खुद को गुमराह कर लिया।
सही और गलत मेरा नसीब नहीं,
ये तो वक़्त का रिश्तों से रिश्ता है।
इस जाल में चलकर ही,
मैंने अपनों को अपना लिया।

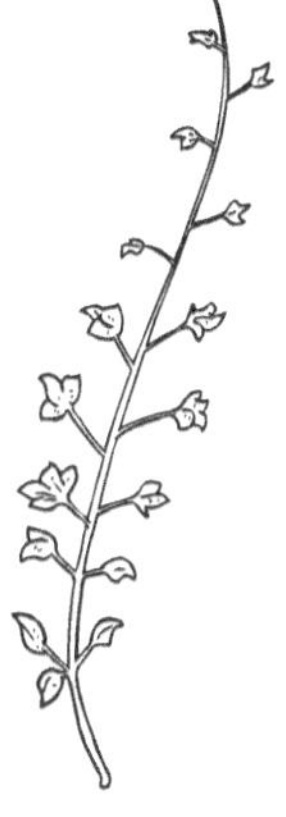

चाँद की चाँदनी में सुकून
और सितारों में जुनून देख,
मैंने खुद में उम्मीद जगाया।
दुनिया की रोक-टोक से,
मैंने खुद को रोक लिया।

बहती दरिया की बवंडर
और उलझनों के घमासान से,
डर कर कहाँ जाऊँ?
तूफानों से लड़ने की खातिर,
मैंने खुद को रोक लिया।

तुम बदल गए...

तुम बदल गए,
हम बदल गए,
जब बदला ये हालात.
वक़्त बदला, जोश बदला,
बदलने लगा ख्वाब.

मंजिल की राहों पर
रखना था अपना निशान,
राहों में काटें चुभ गए,
और बदल गया ज़ज्बात।

साथ कभी तुम नहीं,
साथ कभी हम खुद नहीं,
होता रहा दर्द हर बार।
ज़ख्म बढ़ता गया,
फ़ितरत बदलने लगा,
ख्वाबों पर हुआ वार।
तुम बदल गए,
हम बदल गए,
जब बदला ये हालात.

कमजोर तुम नहीं,
कमजोर हम भी नहीं,
वक़्त कभी कमजोर था ही नहीं।
जिंदगी एक ही है,
नाम एक ही है,
पहचान की परत बदलती रही।

धूप और परछाई में,
बदलता रहा एहसास,
तुम बदल गए,
हम बदल गए,
जब बदला ये हालात...

जुदाई

जुदाई की ये धुन भी खाली,
मन भी खाली, रुत भी खाली,
हाल अब कोई ना ही पूछे।

ये पल भी है दूजा,
संग भी है दूजा,
रंग भी है दूजा,
हाल अब कोई ना ही पूछे।

नहीं कोई प्यास,
अब कुछ नहीं रास,
अब अलग एहसास,
हाल अब कोई ना ही पूछे।

वादा झूठा,
रब भी रूठा,
वक़्त अनूठा,
हाल अब कोई ना ही पूछे।

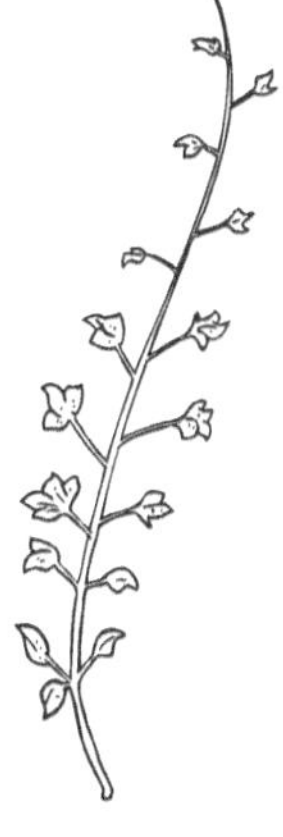

जुदाई की ये धुन भी खाली,
मन भी खाली, रुत भी खाली,
हाल अब कोई ना ही पूछे।

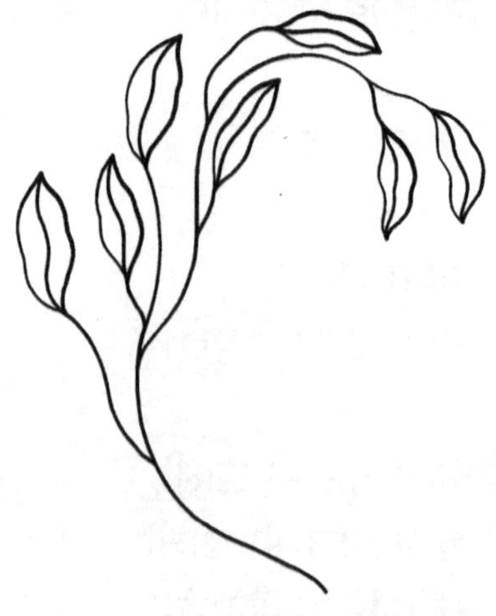

अपने लिए

एक वक़्त भुलाए बैठी हूँ,
बीते जिंदगी से,
अपने जिंदगी के लिए,

तूफान सी आती है इसकी याद,
बेचैन करती है साँसों को,
लूट लेती है सुकून मेरे,
जो सजाई हूँ मैं आज के लिए,
अपने जिंदगी के लिए,

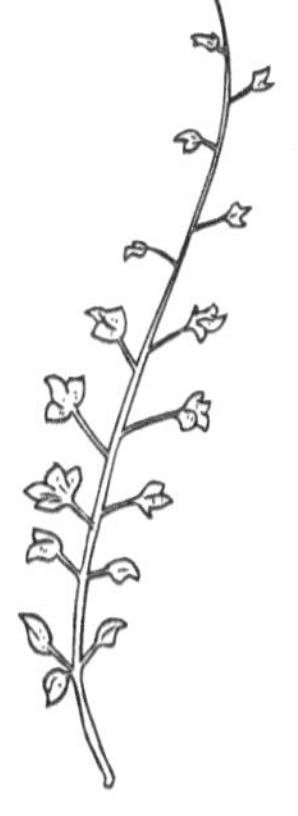

रातों की रोशनी ही ठीक है,
छाँव में गम छीपना चाहता है,
पालकों के भार से चाँद को देखता है,
शांत होने के लिए,
अपने जिंदगी के लिए,

न रुतबा कोई, न पहचान कोई,
खामोशी में प्यार ही पता चलता है,
शान से चली आतीं हैं परेशानियाँ,
मेरे गमों में मुस्कराने के लिए,
एक पल को मैं ठहर जाती हूँ,
अपने जिंदगी के लिए,

कल क्या मिलेगा?
मैं अनजान हैं इससे,
ख्वाबों को ही हकीकत समझ
हर पल जीती हूँ,
अपने जिंदगी के लिए।

टूट कर सब बिखर जाता है,
बेवक्त हवाओं के जोश में,
फिर भी साँसों को बचाए रखती हूँ,
अपनी जिंदगी के लिए,
एक वक़्त भुलाए बैठी हूँ,
बीते जिंदगी से,
अपने जिंदगी के लिए।

यादों की बरसात

तुमने कहा था,
एक बार कभी,
की जब बारिश होती है,
जब हवा में नमी मिल जाती है,
जब मौसम हल्का ठंडा हो जाता है,
मन होता है कि कोई पास हो,
कोई बगल में हो,
साथ में हो,
हाथों में हाथ हो,
कंधे पर सर हो,
कुछ देर ही सही मगर,
जब तक ये बारिश हो,
मुझमें प्यार हो।
आज फिर इस बारिश में
तुम्हारी याद आई,
वो सपना याद आया,
तुम्हारा साथ याद आया,
वो जो तस्वीर बन गई है,
इस नमी में खयाल आया,
ठण्ड हवा में फिरसे
तुम्हारी याद आई,
जब जब ये बरसात हुई।

तुझे गुज़रते हुए देख रहा हूँ

ऐ वक़्त!
तुझे गुज़रते देख रहा हूँ।

रंगों को अंधियारे में घुलते देख रहा हूँ,
मैं आज को परछाई बनते देख रहा हूँ,
ऐ वक़्त!
तुझे गुजरते देख रहा हूँ।

सूखे पत्तों को गिरते देख रहा हूँ,
हवा को लहरों से लड़ते देख रहा हूँ,
जमीन आसमान मिलते नहीं हैं,
सुबह को शाम में ढलते देख रहा हूँ।

दामन बड़ा है सागर का,
ना उम्मीद इसे निहारता हूँ,
तूफां जितना भी चोटिल हों,
इसे अंदर से शांत देखता हूँ,
ऐ वक़्त!
तुझे गुज़रते देख रहा हूँ।

ये रातें भी खामोश नहीं,
मैं हर वक़्त जाग रहा हूँ,
मैं एक कण इस जहां का,
पल पल बिखरता जा रहा हूँ,

ऐ वक़्त!
तुझे गुज़रते देख रहा हूँ...

तन्हाई

ये तन्हाई भी गज़ब है,
सबकी सिर्फ खामियाँ ही दिखाती है।
उम्मीदों को तोड़ती रहती है,
अपनों को भी पराया कर देती है।

टूटे ख्वाबों को ऐसे दिखाती है,
की नए ख्वाब में भी डर लगता है।
वो टुकरें कुछ ऐसे चुभतें है,
की बिखरने के सिवा कुछ बचा ही नहीं है।

ये तन्हाई भी गज़ब है,
सबकी सिर्फ खामियाँ ही दिखाती है।

आसमान की ऊचाईयों में दूर भेजती है,
गहराईयों के कैद में ढकेलती है,
सिमट जाता हूँ खुद में,
हर वक़्त मुझे असमंजस में जकड़ती है।

बेबस, बेचारा, बेसहारा महसूस कराती है,
जो कुछ मिला आजतक, उससे मिलने नहीं देती है।
नफ़रत और शिकायतों की जुबां से,
हर जगह बस मुझे ही झलकाती ही।

ये तन्हाई भी गज़ब है,
सबकी सिर्फ खामियाँ ही दिखाती है।
बेवजह खयालों से दूरियाँ बनाती है,
और अन्जाम में सिर्फ तड़पाती है।

साँझ के बाद

साँझ के बाद,
जब खामोश था आसमान,
अंधेरा छा रहा था,
कुछ ख़यालों के साथ।
थे कुछ पंछी,
धीमी थी उड़ान,
लापता थे कहीं
या, मिल गया था मुकाम।
झिलमिल पानी,
शांत था चाँद,
गुफ़्तगू मन में,
बिन पेड़ के छांव।
बिन रंग का सोया था,
सारा जहान खोया था,
तारों की पहरेदारी में,
अरमान कोई बुन रहा था।
यूँ ही सब रंग खो गया,
यूँ ही ज़ज्बात घुल गया,
जैसे कुछ थम जाना ही था,
एक पल को रुक जाना ही था,
हर साँझ के बाद,
जब खामोश था आसमान।।

कभी-कभी

कभी-कभी गीतों के बिना भी गुनगुनाना सही है,
ख़ामोशियों में मुस्कुराना भी सही है,
ढलते शाम को अलविदा कह कर,
नई सुबह का इंतजार करना सही है।

पालकों पर यादें बसाना सही है,
धीमी से धूप में खिलखिलाना सही है,
हर तरफ रंग बिखरा है अपना,
उन रंगों से आसमान सजाना जरूरी है।

कभी-कभी नंगे पांव चलना सही है,
इन हवाओं में बिखरना भी सही है,
इस धूप में छांव बदलता रहता है,
तो एहसासों का बदलना भी सही है।

रोज की उलझनों में सफर करती है जिंदगी,
तो खुद का खयाल रखना जरूरी है।
कभी-कभी सफर में ठहरना सही है, और
कभी-कभी, अकेला चलना भी सही है।

बदलाव

मुझे डर इस दुनिया से है,
या, मुझे खुद से डर लगता है?
सबके बदलने से डर लगता है,
या, खुद में बदलाव से डर लगता है?

परछाईं से पहले एक तस्वीर है,
किसी भ्रम से पहले एक एहसास है,
रोशनी के नीचे ही अँधियारा है,
और, मुझमें ही मेरा खुदा रहता है।

उम्मीदों का रंग उगते सूरज जैसा है,
टूटे ख्वाब का रंग राख जैसा है,
ज़ज्बात कभी हवा की तरह हल्का है,
कभी नदी की तरह बस एक तरफ बहता जाता है।

कभी आसमान रंग बदलता है,
कभी मौसम का मन बदलता है,
कोई इन्तेहा मंज़िल बदल देता है,
तो कोई साँझ यादों को बदलता है।

मुझे डर इस दुनिया से है,
या, मुझे खुद से डर लगता है?
सबके बदलने से डर लगता है,
या, खुद में बदलाव से डर लगता है?

फिरसे

कहानी फिरसे शुरु
होगी फिरसे खत्म,
दिल खुश कभी
कभी घिरा कोई असमंजस,
रास्ता अब मिला
पर मंजिल गई किधर?
कभी छु ना सकी इन हवाओं को,
हर एहसास लिए उड़ती है,
कभी रोक ना सकी खुद को,
ये नदी हमेशा ही बहती है।
लड़ती है जिंदगी अंधेरों से,
सूरज रोज नया रंग लाता है।
कहानी फिर से शुरू
होगी फिरसे खत्म,
वक़्त ना मेरा है, ना तेरा है,
बदलते वक़्त में ही है अपनी डगर।
एक पल में शुरु
एक पल में होगी खत्म।
कहानी फिरसे शुरु
होगी फिरसे खत्म...

बक़्त ये आता है,

बक़्त चला जाता है,

सभी जानते हैं

एहसास इन पलों का ही,

इस पल को याद बनाता है।

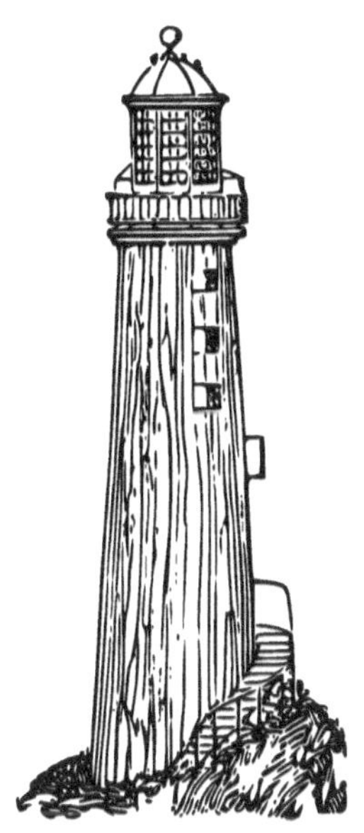

जो रंग है रोशनी का,
वो परछाई का क्यूँ होता नहीं?
रोशनी से ही बनी परछाई,
क्यूँ परछाई में जोश होता नहीं?

-अहेली

9 7 9 8 8 9 4 1 5 4 6 3 3